新时代的中非合作

（2021 年 11 月）

中 华 人 民 共 和 国
国务院新闻办公室

人 民 出 版 社

责任编辑：刘敬文

图书在版编目（CIP）数据

新时代的中非合作/中华人民共和国国务院新闻办公室 著.—北京：人民出版社，2021.11
ISBN 978－7－01－024331－3

Ⅰ.①新⋯　Ⅱ.①中⋯　Ⅲ.①区域经济合作-国际合作-白皮书-中国、非洲
　Ⅳ.①F125.4②F140.54

中国版本图书馆 CIP 数据核字（2021）第 241759 号

新时代的中非合作
XINSHIDAI DE ZHONGFEI HEZUO
（2021 年 11 月）

中华人民共和国国务院新闻办公室

人民出版社 出版发行
（100706　北京市东城区隆福寺街 99 号）

中煤（北京）印务有限公司印刷　新华书店经销

2021 年 11 月第 1 版　2021 年 11 月北京第 1 次印刷
开本：787 毫米×1092 毫米 1/16　印张：3.5
字数：30 千字

ISBN 978－7－01－024331－3　定价：16.00 元

邮购地址　100706　北京市东城区隆福寺街 99 号
人民东方图书销售中心　电话（010）65250042　65289539

目　　录

前　　言

中国是世界上最大的发展中国家,非洲是发展中国家最集中的大陆。相似的历史遭遇、共同的历史使命把中国和非洲紧紧联系在一起,中非从来就是命运共同体。发展同非洲国家的团结合作是中国对外政策的重要基石,也是中国长期坚定的战略选择。中国和非洲国家在争取民族解放和国家独立的斗争中相互支持,持续深化政治互信;在实现经济发展和民族振兴的道路上互帮互助,不断拓展合作新领域;在重大国际和地区问题上密切协调,共同捍卫国际公平正义。

进入新时代,习近平主席提出真实亲诚对非政策理念和正确义利观,为新时代对非合作指明了前进方向、提供了根本遵循。2015 年和 2018 年,中非合作论坛约翰内斯堡峰会和北京峰会先后成功举办,引领中非合作达到前所未有的新高度。习近平主席在北京峰会上同非洲领导人一致决定,构建更加紧密的中非命运共同体,深入推进中非共建

"一带一路"合作,在中非关系史上树立了新的里程碑。

中非关系不是一天就发展起来的,更不是什么人赐予的,而是中非风雨同舟、患难与共,一步一个脚印走出来的。中国为非洲发展提供了力所能及的帮助,中国感谢非洲国家和非洲人民长期以来给予中国的大力支持和无私帮助。新冠肺炎疫情发生后,中国和非洲国家患难与共、守望相助,谱写了中非团结友好、共克时艰的新篇章。

为介绍新时代中非合作成果,展望未来中非合作前景,特发布本白皮书。

一、构建更加紧密的中非命运共同体

中非友好源远流长。毛泽东主席等新中国第一代领导人和非洲老一辈政治家共同奠定了中非友好关系基础。长期以来,中国始终尊重非洲、热爱非洲、支持非洲,中国人民始终同非洲人民同呼吸、共命运,同心相向、守望相助,走出了一条特色鲜明的合作共赢之路。在 2018 年 9 月中非合作论坛北京峰会上,中非双方决定构建更加紧密的中非命运共同体,在中非关系史上树立了新的里程碑,引领中非关系和中非合作迈入新时代。中非风雨同舟、携手前行,为推动构建人类命运共同体树立了典范。

(一)秉持真实亲诚理念和正确义利观

"真、实、亲、诚"和正确义利观高度凝练和概括了中国对非政策理念,体现了中国优秀文化的道德精髓,融入了中非传统友谊的历史积淀,树立了国际对非合作的时代标杆,是中国加强同包括非洲在内的发展中国家团结合作的总体指导原则。

对待非洲朋友,讲一个"真"字。真朋友最可贵。中国始终把发展同非洲国家的团结合作作为中国对外政策的重要基础,这一点绝不会因为中国自身发展和国际地位提高而发生变化。中国将继续同非洲国家在涉及对方核心利益和重大关切问题上相互支持,继续在国际和地区事务中坚定支持非洲国家的正义立场,维护发展中国家共同利益。中国将继续坚定支持非洲国家自主解决本地区问题的努力,为促进非洲和平与安全作出更大贡献。中国将继续坚定支持非洲国家探索适合本国国情的发展道路,加强同非洲国家在治国理政方面的经验交流,从各自的古老文明和发展实践中汲取智慧,促进中非共同发展繁荣。

开展对非合作,讲一个"实"字。中国不仅是合作共赢的倡导者,更是积极实践者。中国致力于把自身发展同非洲发展紧密联系起来,把中国人民利益同非洲人民利益紧密结合起来,把中国发展机遇同非洲发展机遇紧密融合起来,真诚希望非洲国家发展得更快一些,非洲人民日子过得更好一些。中国在谋求自身发展的同时,始终向非洲朋友提供力所能及的支持和帮助。特别是近年来,中国加大了对非援助和合作力度。只要是中方作出的承诺,就一定会不折不扣落到实处。中国将继续扩大同非洲的投融资合作,加强同非洲国家在农业、制造业等领域的互利合作,帮助非洲国家把资源优势转化为发展优势,实现自主发展和可持续发展。

加强中非友好,讲一个"亲"字。中国人民和非洲人民有着天然的亲近感。中非通过深入对话和实际行动获得心与心的共鸣。中非关系的根基和血脉在人民,中非关系发展更多面向人民。中非重视人文交流,增进中非人民的相互了解和认知,厚植中非友好事业的社会基础。中非关系是面向未来的事业,需要一代又一代中非有志青年共同接续奋斗。双方应积极推动青年交流,使中非友好事业后继有人,永葆青春和活力。

解决合作中的问题,讲一个"诚"字。中国和非洲都处在快速发展过程中,相互认知需要不断与时俱进。中方坦诚面对中非关系面临的新情况新问题,对出现的问题,本着相互尊重、合作共赢的精神加以妥善解决。

正确义利观讲求的是义利相兼、以义为先,政治上主持公道、伸张正义,经济上互利共赢、共同发展,国际事务中讲信义、重情义、扬正义、树道义。正确处理"义"和"利"的关系是新时代中非合作的必然要求。中非关系最大的"义",

是把非洲自主可持续发展同中国自身发展紧密结合起来，不搞你输我赢的零和游戏，不做唯利是图的狭隘之举，最终实现合作共赢。

（二）坚持相互尊重、共同发展

中非合作是发展中国家间的互帮互助。中国在对非合作中始终践行"四个坚持"和"五不"原则，一以贯之、日积月累，形成了一条特色鲜明的中非合作共赢之路。这些原则符合中国"己所不欲，勿施于人"的传统理念，契合非洲国家的根本利益和国际关系的基本准则，是中非团结合作的本质特征，对国际对非合作具有重要借鉴意义。

"四个坚持"，即：

——坚持真诚友好、平等相待。中国人民始终同非洲人民同呼吸、共命运，始终尊重非洲、热爱非洲、支持非洲。

——坚持义利相兼、以义为先。中国在对非合作中主张多予少取、先予后取、只予不取，张开怀抱欢迎非洲搭乘中国发展快车。

——坚持发展为民、务实高效。中国坚持把中非人民利益放在首位，为中非人民福祉而推进合作，让合作成果惠及中非人民;凡是中国答应非洲兄弟的事,就尽心尽力办好。

——坚持开放包容、兼收并蓄。中国愿同国际合作伙伴一道,支持非洲和平与发展;凡是对非洲有利的事情,中国都欢迎和支持。

"五不"原则,即:中国不干预非洲国家探索符合国情的发展道路,不干涉非洲内政,不把自己的意志强加于人,不在对非援助中附加任何政治条件,不在对非投资融资中谋取政治私利。

(三)树立命运共同体崇高目标

在 2018 年中非合作论坛北京峰会上,中非双方就携手打造"责任共担、合作共赢、幸福共享、文化共兴、安全共筑、和谐共生"的中非命运共同体达成战略共识。这是中非命运共同体基本纲领,是中非双方共同奋斗的宏伟目标,为新时代中非合作规划了路径。

——责任共担,是加强在涉及彼此核心利益和重大关切问题上的相互理解和支持,密切在重大国际和地区问题上的协作配合,维护中非和广大发展中国家共同利益。

——合作共赢,是抓住中非发展战略对接的机遇,用好共建"一带一路"带来的重大机遇,开拓新的合作空间,发掘新的合作潜力。

——幸福共享,是把增进民生福祉作为发展中非关系的出发点和落脚点。中非合作要给中非人民带来看得见、摸得着的成果和实惠。

——文化共兴,是促进中非文明交流互鉴、交融共存,拉紧中非人民的情感纽带,为彼此文明复兴、文化进步、文艺繁荣提供持久助力,为中非合作提供更深厚的精神滋养。

——安全共筑,是为促进非洲和平稳定发挥建设性作用,支持非洲国家提升自主维稳维和能力。中国坚定支持非洲国家和非洲联盟等地区组织以非洲方式解决非洲问题。

——和谐共生,是加强在应对气候变化、应用清洁能源、防控荒漠化和水土流失、保护野生动植物等生态环保领域交流合作,让中国和非洲都成为人与自然和睦相处的美好家园。

中非合作好不好,中非人民最有发言权。中国对非合作的出发点永远是中非双方人民的根本利益,永远不会将遏制他国作为自身对非政策的出发点。

（四）为世界发展与合作树立典范

中非合作兴,则南南合作兴。中非双方发展好,世界会更好。新时代的中非合作是中非双方实现共同发展的必由之路,将为构建更加紧密的中非命运共同体奠定更加坚实的物质基础,也将为促进发展中国家群体性崛起、推动国际力量对比向更加均衡的方向发展注入强劲动力。

当前,百年变局和世纪疫情交织共振,多边主义和单边主义激烈博弈,全球治理体系正经历前所未有的深刻调整。中国始终认为,非洲是国际合作的大舞台,不是大国博弈的竞技场。中非合作从来不是清谈馆,在给中非人民带来实实在在好处的同时,中非合作也为国际对非合作创造了更加有利的条件。面向新时代,中国人民同非洲人民团结合作,将为增进全人类福祉,推动构建新型国际关系、推动构建人类命运共同体树立榜样。

二、不断拓展新时代中非各领域合作

中非双方高度信任，中非友谊坚如磐石。中国致力于不断巩固中非政治互信，深化各领域务实合作，为非洲和平与发展提供力所能及的帮助，中国对非合作一直走在国际对非合作的前列。经过几十年辛勤浇灌，中非合作枝繁叶茂，成长为参天大树，任何力量都无法撼动。当前，中非关系处于历史最好时期，中非合作成果遍布非洲大地，改善了非洲经济社会发展条件，给双方人民带来了实实在在的好处。

（一）政治互信持续深化

新中国成立以来，无论国际风云如何变幻，中国和非洲国家始终是风雨同舟的好朋友、休戚与共的好伙伴、肝胆相照的好兄弟。2006 年中非合作论坛北京峰会确立中非新型战略伙伴关系。2015 年中非合作论坛约翰内斯堡峰会确立中非全面战略合作伙伴关系。2018 年中非合作论坛北京峰会确定构建更加紧密的中非命运共同体,推动中非关系进入历史最好时期。

高层交往对中非关系发展发挥着重要引领作用,双方领导人就双边关系和共同关心的重大问题加强沟通协调,为巩固传统友谊、增强政治互信,维护共同利益、共谋发展合作提供了有力政治保障。2013年3月,习近平主席就任国家主席后首次出访就远赴非洲,至今已四次访非,足迹遍及非洲东西南北中。2018年中非合作论坛北京峰会期间,习近平主席同与会的50余位非洲国家领导人逐一会面,叙友情、商合作、话未来,并出席近70场双多边活动。2018年中非合作论坛北京峰会后,17位非洲领导人先后来华访问或出席会议。新冠肺炎疫情发生后,双方领导人通过视频、通话等形式保持交往和沟通。2020年6月,习近平主席以视频形式主持召开中非团结抗疫特别峰会,13位非洲领导人和非盟委员会主席出席。疫情以来,习近平主席先后同非洲各国元首通话17次,保持了中非高层交往的密度和热度。习近平主席对非洲朋友真诚友好、平等相待,与非洲领导人建立深厚的友谊和信任,以元首外交引领了中非关系行稳致远。

2013 年 3 月,习近平主席访问坦桑尼亚、南非、刚果(布)3 国,并在南非出席金砖国家领导人第五次会晤、金砖国家同非洲国家领导人对话会、中非领导人早餐会等活动,开创了中国国家元首首次出访即访问非洲的先例。习近平主席在坦桑尼亚发表重要演讲,用"真、实、亲、诚"四个字阐述新时期中国对非政策。习近平主席面向国际社会宣示:中非从来都是命运共同体,永远做可靠朋友和真诚伙伴。

2015 年 12 月,习近平主席访问津巴布韦和南非,同南非总统共同主持中非合作论坛约翰内斯堡峰会。期间,习近平主席提议做强和夯实中非关系"五大支柱",宣布未来 3 年同非方重点实施"十大合作计划"。

2016 年 1 月,习近平主席访问埃及,全面规划中埃合作蓝图。

2018 年 7 月,习近平主席连任国家主席后首次出访再次选择非洲,对塞内加尔、卢旺达、南非进行国事访问,出席金砖国家领导人第十次会晤,过境毛里求斯并进行友好访问。

中非双方不断丰富和完善政府间对话、磋商及合作机制,充分发挥统筹协调作用,促进中非各领域合作全方位发展。中国同非洲 9 国建立全面战略合作伙伴关系,同 3 国建立全面战略伙伴关系,同 6 国建立战略伙伴关系,同 7 国建立全面合作伙伴关系。中国已同 21 个非洲国家和非盟委员会建立双边委员会、外交磋商或战略对话机制,同 51 个非洲国家建立经贸联(混)合委员会机制。2016 年,中国同非盟建立人权磋商机制。2017 年,中国同南非建立中非间首个政府间高级别人文交流机制。中非地方合作迸发活力，2012 年以来，中非双方已举办 4 届中非地方政府合作论坛。截至目前，中非双方共缔结 160 对友好省市，其中 2013 年以来新增友好省市 48 对。

中国和非洲国家密切开展政党、立法和协商机构交往，构建多层次、多渠道、多形式、全方位的友好合作。中国共产党在独立自主、完全平等、相互尊重、互不干涉内部事务的原则基础上，不断密切同非洲国家政党交流与合作，构建求同存异、相互尊重、互学互鉴的新型政党关系。双方从立法和监督方面发挥积极影响，为中非合作和交往提供政策支持和保障。全国人大与埃及、南非、肯尼亚议会建立定期交流机制，与 35 个非洲国家议会建有双边友好小组。全国政协及所属机构已同 39 个非洲国家的 59 个机构开展交往。2019 年 6 月，全国政协成立中非友好小组，是全国政协历史上第一个对外友好小组。

专栏 2　中国共产党同非洲政党交往频繁

　　中国共产党已与非洲 51 个国家 110 余个政党建立正式联系。近年来，非洲政党积极参加中国共产党与世界政党高层对话会、"一带一路"国际合作高峰论坛"民心相通"分论坛等多个交流活动。非洲 42 国 69 个政党同中国共产党联署呼吁世界各国政党推动携手抗疫。在中国共产党庆祝建党 100 周年之际，非洲政党、政治组织共发来贺电（函）220

封,其中包括 80 余位非洲国家领导人、政党领袖。南非、津巴布韦、莫桑比克、刚果（布）、纳米比亚、南苏丹、摩洛哥、毛里求斯等非洲 8 国元首或政府首脑代表其执政党以视频方式出席中国共产党与世界政党领导人峰会。

近年来,更多非洲国家加入中非友好大家庭,中国分别同冈比亚（2016 年 3 月 17 日）、圣多美和普林西比（2016 年 12 月 26 日）、布基纳法索（2018 年 5 月 26 日）恢复大使级外交关系。目前,中国已经同除斯威士兰以外的其他 53 个非洲国家建立外交关系。

中国积极发展同非盟及非洲次区域组织合作。2012 年 1 月,中国援建的非盟会议中心项目建成并投入使用,这是继坦赞铁路之后中国在非最大援助项目。2014 年中国设立驻非盟使团,标志中国与非盟关系发展进入新阶段。中国重视并坚定支持非盟在推进非洲联合自强和一体化进程中发挥领导作用、在维护非洲和平安全中发挥主导作用、在地区和国际事务中发挥更大作用,支持非盟通过《2063 议程》及实施第一个十年规划。

中国以观察员身份多次应邀出席西非国家经济共同体（西共体）、南部非洲发展共同体（南共体）、东非共同体（东共体）、东非政府间发展组织（伊加特）、中部非洲国家经济共同体(中共体)等次区域组织峰会等重要活动,并向西共体、南共体、东共体派驻大使。

(二)经济合作迅速发展

中非经贸合作加速发展,深度广度不断拓展。中非合作论坛约翰内斯堡峰会和北京峰会分别宣布实施"十大合作计划"和"八大行动",将中非经贸合作水平推向历史新高。

——加大发展援助。中国在实现自身发展的进程中,始终关注和支持非洲国家改善民生、谋求发展的事业。进入新时代,中国在力所能及的基础上不断加大对非援助。2013年至2018年中国对外援助金额为2702亿元人民币,其中对非洲国家的援助占比44.65%,包括无偿援助、无息贷款和优惠贷款。2000年至2020年,建成的公路铁路超过13000公里,建设了80多个大型电力设施,援建了130多个医疗设施、45个体育馆、170多所学校,为非洲培训各领域人才共计16万余名,打造了非盟会议中心等一系列中非合作"金字招牌",涉及经济社会生活的方方面面,受到非洲国家政府和人民的广泛欢迎和支持。中国已宣布免除与中国有外交关系的非洲最不发达国家、重债穷国、内陆发展中国家、小岛屿发展中国家截至 2018 年底到期未偿还政府间无息贷款。新冠肺炎疫情发生后，中国宣布免除 15 个非洲国家 2020 年底到期的无息贷款债务。

单位：百分比（％）

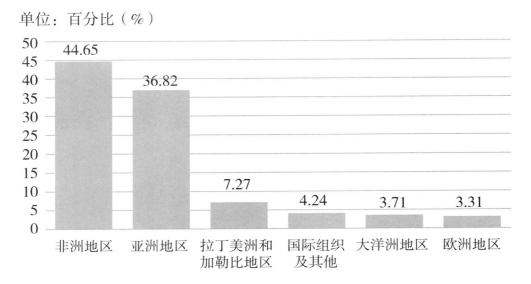

图1 2013—2018 年中国对外援助资金分布情况
（按区域及国际组织划分）

——加速贸易发展。中国自 2009 年起连续 12 年稳居非洲第一大贸易伙伴国地位，中非贸易额占非洲整体外贸总额比重连年上升，2020 年超过 21%。中非贸易结构持续优化，中国对非出口技术含量显著提高，机电产品、高新技术产品对非出口额占比超过 50%。中国主动扩大自非洲非资源类产品进口，对非洲 33 个最不发达国家 97% 税目输华产品提供零关税待遇，帮助更多非洲农业、制造业产品进入中国市场。据统计,2017 年以来中国从非洲服务进口年均增长 20%,每年为非洲创造近 40 万个就业岗位。近年来,中国自非农产品进口持续增长,已成为非洲第二大农产品出口目的国。中非电子商务等贸易新业态蓬勃发展,"丝路电商"合作不断推进,中国已与卢旺达建立电子商务合作机制,中国企业积极投资海外仓建设,非洲优质特色产品通过电子商务直接对接中国市场。中国—毛里求斯自贸协定于 2021 年 1 月 1 日正式生效,成为中非间首个自贸协定,为中非经贸合作注入新动力。

单位:亿美元

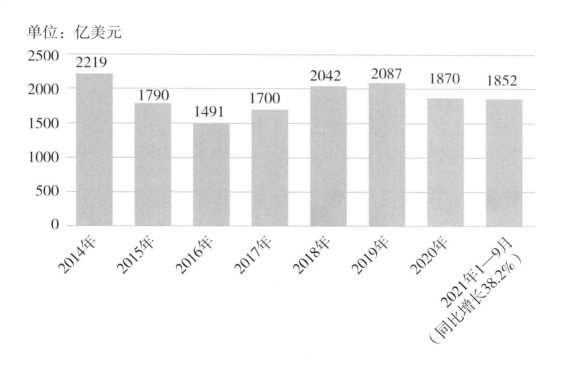

图 2　2014 年至 2021 年 9 月中非贸易额

——促进投融资合作。投融资合作是近年来中非合作最大亮点之一，为非洲经济社会发展注入"血液"。结合非洲需要和中国优势，中国鼓励和支持中国企业扩大和优化对非投资，为符合条件的项目提供融资及出口信用保险支持。在中国政府、金融机构和各类企业合力推动下，中国对非投资呈现良好发展态势，广泛涉及矿业开采、加工冶炼、装备制造、农业开发、家电生产、航空服务、医药卫生、数字经济等产业，帮助非方提升了有关产业工业化水平、产业配套和出口创汇能力。

专栏 3　中国积极搭建对非投融资平台

　　2014 年，中国人民银行与非洲开发银行建立了规模 20 亿美元的非洲共同增长基金（Africa Growing Together Fund，AGTF）。截至 2021 年 10 月底，非洲共同增长基金共跟投 36 个项目，承诺出资 11.4 亿美元，涉及农业、供水卫生、交通运输、电力等领域，覆盖坦桑尼亚、赞比亚、突尼斯、肯尼亚等 19 个非洲国家。

　　2015 年，习近平主席在中非合作论坛约翰内斯堡峰会上宣布将 2006 年成立的中非发展基金总规模提升为 100 亿美元。截至 2021 年 6 月，中非发展基金累计对 37 个非洲国家投资超过 55 亿美元，带动中国企业对非投融资 260 亿美元，直接或间接为当地增加 27 万个就业岗位。习近平主席还宣布成立首批资金为 100 亿美元的中非产能合作基金，截至 2021 年 10 月底，中非产能合作基金已投资 22 个项目。

　　2018 年，习近平主席在中非合作论坛北京峰会上宣布推动中国企业未来3年(2018—2021年)对非洲投资不少于100亿美元,并设立50亿美元自非洲进口贸易融资专项资金。截至2020年底,非洲进口贸易融资专项资金提前超额完成整体目标。

截至2020年底,中国企业累计对非直接投资超过430亿美元。中国在非洲设立各类企业超过3500家,民营企业逐渐成为对非投资的主力,聘用非洲本地员工比例超80%,直接和间接创造了数百万个就业机会。

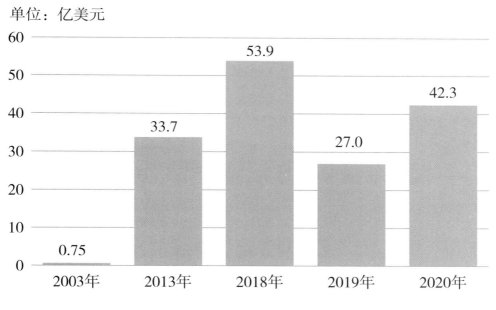

单位:亿美元

图3　中国对非投资流量

——助力非洲农业发展。中国积极同非洲分享农业发展经验技术,支持非洲国家提高农业生产和加工水平,推动农业产业链建设和贸易发展。2012年以来,在华培训非洲农业学员 7456 人次;通过实施援非百名农业专家、援非农业专家组等项目,培训非洲当地 5 万余人次,建成 23 个农业示范中心。截至目前,中国与 23 个非洲国家及地区组织建立农业合作机制,签署了双多边农业合作文件 72 项。2012 年以来,中国与 20 个非洲国家及地区组织签署农业合作文件 31 项。2019 年中非举办首届中非农业合作论坛,成立中国—非盟农业合作委员会,启动中非农业现代化合作规划和行动计划编制工作。截至 2020 年底,中国在非农业投资企业超 200 家,涉及非洲国家共 35 个,投资存量 11.1 亿美元,投资范围涵盖种植、养殖和农产品加工等各产业,超过 350 余种非洲农产品食品可开展对华贸易,中非农业贸易稳步增长。

——助力非洲工业化。工业化是非洲实现包容性和持续性发展的前提,是创造就业、消除贫困、提高生活水平的关键。中国支持非洲国家根据自身国情和发展需求,改善投资软硬环境,以产业对接和产能合作为龙头,助力非洲工业化和经济多元化进程。截至目前,中国与 15 个非洲国家建立产能合作机制。中国与非洲国家合作建设经贸合作区、经济特区、工业园区、科技园区,吸引中国等各国企业赴非投资,建立生产和加工基地并开展本土化经营,增加当地就业和税收,促进产业升级和技术合作。中非产能合作基金围绕非洲"三网一化"(高速铁路网、高速公路网、区域航空网和工业化)建设战略开发业务,截至 2021 年 3 月,累计投资 21 个项目,涉及能源、资源、制造业等多个领域,有力带动非洲国家产业发展。数十家中资企业与非洲企业合作建设光伏电站,累计装机容量超过 1.5 吉瓦(GW),填补非洲光伏产业链空白,有效缓解当地用电紧缺问题并促进低碳减排。

——深化基础设施合作。中国支持非洲将基础设施建设作为经济振兴的优先发展方向,鼓励和支持中国企业采取多种模式参与非洲基础设施建设、投资、运营和管理。2016 年至 2020 年,非洲开工建设的基础设施项目总额近 2000 亿美元,2020 年中国企业实施的项目比已达 31.4%。中非合作论坛成立以来,中国企业利用各类资金帮助非洲国家新增和升级铁路超过 1 万公里、公路近 10 万公里、桥梁近千座、港口近百个、输变电线路 6.6 万公里、电力装机容量 1.2 亿千瓦、通讯骨干网 15 万公里,网络服务覆盖近 7 亿用户终端。中国企业承建和运营的肯尼亚蒙内铁路是该国百年来第一条现代化铁路,全部采用中国标准、中国技术、中国装备,被誉为新时期中非"友谊之路""合作之路"

"共赢之路"，累计运送旅客541.5万人次、发送集装箱130.8万个标准箱，对肯经济增长贡献率达到1.5%，累计直接和间接创造就业4.6万个。中国引导企业采用BOT（建设—经营—转让方式）、BOO（建设—拥有—经营方式）、PPP（政府与社会资本合作）等多种模式，推动中非基础设施合作向投资建设运营一体化模式转型，促进基础设施项目可持续发展。

——加强金融合作。中非金融机构积极开发对方市场，双方央行积极扩大本币结算和互换安排，推动中非金融便利化水平稳步提高。截至2021年10月，人民币跨境支付系统（CIPS）有42家非洲地区间接参与者，覆盖19个非洲国家。中国央行先后与南非、摩洛哥、埃及和尼日利亚央行签署了本币互换协议，金额总计730亿元人民币。中国已同埃及、南非、尼日利亚等7个非洲国家签署了金融监管合作谅解备忘录，为双方金融合作行稳致远打牢基础。中国加入非洲开发银行、东南非贸易与开发银行和西非开发银行等多边开发金融机构。中国已累计向非洲开发银行下的非洲开发基金承诺捐资9.96亿美元。

——拓展数字经济合作。中国积极帮助非洲国家消除

"数字鸿沟",中非"数字经济"合作发展迅速,从数字基础设施建设到社会数字化转型,物联网、移动金融等新技术应用,全领域合作成果丰硕。中国企业参与了多条连接非洲和欧、亚、美洲大陆海缆工程;与非洲主流运营商合作基本实现非洲电信服务全覆盖;建设了非洲一半以上无线站点及高速移动宽带网络,累计铺设超过 20 万公里光纤,帮助 600 万家庭实现宽带上网,服务超过 9 亿非洲人民。截至目前,超过 15 个非洲国家的 17 个城市、1500 多家企业选择中国企业作为数字化转型伙伴,29 个国家选择中国企业提供的智慧政务服务方案;中非共同在南非建立了服务整个非洲区域的公有"云",以及非洲首个 5G 独立组网商用网络。中非电子商务合作层次和内涵不断丰富,"丝路电商"云上大讲堂有效提升伙伴国中小微企业数字素养,"双品网购节"丝路电商专场、"非洲产品电商推广季"等活动助力非洲优质产品进入中国市场,中国企业积极参与非洲电子支付、智慧物流等公共服务平台建设,在互联互通中实现合作共赢。2021 年 8 月,中非互联网发展与合作论坛成功举办,中国宣布愿同非洲共同制定和实施"中非数字创新伙伴计划"。

（三）社会合作方兴未艾

中国积极同非洲开展减贫、卫生、教育、科技、环保、气候变化、青年妇女交流等社会领域合作，通过加强交流、提供援助、分享社会发展经验，帮助非洲国家提高社会综合发展水平，为非洲经济发展创造内生动力。

——分享减贫经验。贫困是中非面临的共同挑战。消除贫困是联合国 2030 年可持续发展议程的首要目标。中国成功走出了一条具有中国特色的减贫道路，使数亿贫困人口摆脱贫困，为解决非洲贫困提供了借鉴。中国积极落实《中国和非洲联盟加强中非减贫合作纲要》，通过"中非合作论坛—减贫与发展会议""中非青年减贫和发展交流项目"等机制，鼓励和支持中非地方政府、学术、企业、青年和非政府组织开展形式多样的减贫经验交流与务实合作。自 2010 年以来，"中非合作论坛—减贫与发展会议"已在中国、埃塞俄比亚、南非、乌干达等国连续举办 10 届，参会总人数接近 1600 人次。2005 年至 2021 年，中国共举办 160 期减贫援外培训班，为非洲 53 国培训超过 2700 人次，占总参训人数 58.6%。

——加强卫生健康领域合作。中国践行人民至上、生命至上的理念，帮助非洲国家应对病疫，建设公共卫生体系,以实际行动推动构建中非卫生健康共同体。向非洲国家派遣中国医疗队是中非开展时间最长、涉及国家最多、成效最为显著的合作项目之一。中国 1963 年向阿尔及利亚派出首支中国医疗队,开创了新中国援非医疗的历史。58 年来,中国累计向非洲派出医疗队员 2.3 万人次,诊治患者 2.3 亿人次。目前在非洲 45 国派有医疗队员近千人,共 98 个工作点。中国医疗队被非洲当地人誉为"白衣使者"、"南南合作的典范"和"最受欢迎的人"。在非实施 34 次"光明行"义诊活动,帮助近万名非洲白内障患者重见光明。中国重点帮助非洲国家加强专科医学建设,为非洲各国培训各类医务人才 2 万人次。截至目前,中国已帮助 18 个非洲国家建立了 20 个专科中心,涉及心脏、重症医学、创伤、腔镜等专业,同 40 个非洲国家 45 所非方医院建立对口合作机制。中国支持非洲各国提高口岸卫生检疫能力,并向非洲疾控中心派出疾控专家提供技术支持。

——扩大教育和人力资源开发合作。中国大力支持非洲教育发展,根据非洲国家经济社会发展需要,帮助非洲培养急需人才,通过设立多个奖学金专项,支持非洲优秀青年来华学习。2012 年起,中非双方实施"中非高校 20+20 合作计划",搭建中非高校交流合作平台。中国在联合国教科文组织设立信托基金项目,累计已在非洲国家培训 1 万余名教师。2018 年以来,中国在埃及、南非、吉布提、肯尼亚等非洲国家与当地院校共建"鲁班工坊",同非洲分享中国优质职业教育,为非洲培养适应经济社会发展急需的高素质技术技能人才。中国支持 30 余所非洲大学设立中文系或中文专业,配合 16 个非洲国家将中文纳入国民教育体系,在非洲合作设立了 61 所孔子学院和 48 所孔子课堂。2004 年以来,中国共向非洲 48 国派出中文教师和志愿者5500 余人次。

——加强科技合作与知识共享。中国积极同非洲加强科技创新战略沟通与对接,分享科技发展经验与成果,推动双方科技人才交流与培养、技术转移与创新创业。中国与非洲国家建设了一批高水平联合实验室、创建了中非联合研究中心、中非创新合作中心。近年来,中国通过实施"一带一路"国际科学组织联盟奖学金、中国政府奖学金、"国际杰青计划"、"国际青年创新创业计划"等项目帮助非洲培养大量科技人才。空间和航天合作取得新突破,双方利用中国遥感数据开展防灾减灾、射电天文、卫星导航定位和精准农业等领域合作,共同参与天文领域国际大科学工程"平方公里阵列射电望远镜"项目。中国在埃及援建卫星总装集成及测试中心项目。中国还分别为阿尔及利亚、苏丹发射两国首颗人造卫星。

——深化生态保护和应对气候变化合作。中非人民对优美环境和美好生活有着共同的向往。中国和非洲一道，倡导绿色、低碳、循环、可持续的发展方式，保护人类的共同家园。2012年以来，中非共同举办了"中非绿色合作引导未来经济"研讨会和"中非环境合作部长级对话会"，推动加强环境治理政策沟通协调。2020年启动中非环境合作中心，搭建中非双方以及相关国际组织、研究机构、企业等多方参与的重要平台。截至2021年9月，安哥拉、肯尼亚等7个非洲国家相关机构已加入"一带一路"绿色发展国际联盟，为推进绿色丝绸之路建设作出积极贡献。中方积极开展应对气候变化南南合作，目前已和14个非洲国家签署15份合作文件，通过实施减缓和适应气候变化项目、共同建设低碳示范区、开展能力建设培训等方式为非洲应对气候变化提供支持。其中，中国向埃塞俄比亚援助的对地观测遥感卫星是中国同非洲合作的第一颗遥感卫星。中非双方通过开展环保法律、法规情报交流、执法能力建设等合作，共同打击走私濒危野生动植物跨国有组织犯罪，在履行《生物多样性公约》《濒危野生动植物种国际贸易公约》等事务中加强沟通协调，共同促进全球野生动植物保护和可持续利用。

专栏4　中国助力非洲绿色能源转型

中国帮助非洲国家建设了一大批清洁能源项目。在肯尼亚建设的加里萨光伏发电项目是目前东非最大光伏电站，年均发电量超过7600万千瓦时，每年帮助减少6.4万吨二氧化碳排放。在几内亚建设的卡雷塔水电站总装机容量24.5万千瓦，极大缓解了几内亚首都科纳克里的用电荒，成为中几互利合作的标志性工程，项目形象被印成新版2万几内亚法郎的背景图案。

（四）人文合作日益扩大

国之交在于民相亲。中非文化、媒体、科技、智库和青年妇女交流全面深化，进一步促进中非民心相通，夯实了中非关系发展的基础。

——拓展文化、旅游等交流与合作。中非双方积极签署双边政府文化协定执行计划，通过合作举办"国家年""文化年""欢乐春节""中非文化聚焦""意会中国"等品牌活动，进一步深化了文化交流与合作。截至2020年12月，中非签署并落实了346个双边政府文化协定执行计划。2013年至2020年，中方组派艺术团赴非140国（次）举办演出。2013 年以来,邀请非洲 28 国的艺术团来华演出。2016 年以来,中方为非洲国家举办文化领域研修班上百个,非方参与人员累计近 1500 人。目前,中国在毛里求斯、贝宁、埃及、尼日利亚、坦桑尼亚、摩洛哥设有中国文化中心,已与突尼斯、肯尼亚、科特迪瓦、塞内加尔、埃塞俄比亚、莫桑比克签署互设文化中心或设立中国文化中心的政府文件。截至目前,中国与 31 个非洲国家签署双边旅游合作文件,已将 34 个非洲国家列为中国公民组团出境旅游目的地,与 22 个非洲国家正式开展中国公民组团旅游业务。

——深化新闻传媒与影视合作。中非就深化新闻合作、网络空间管理、处理媒体关系不断加强对话与交流,共同举办了中非媒体领袖峰会、中非媒体合作论坛等大型交流活动。30 家非洲媒体加入“一带一路”新闻合作联盟,42 个非洲国家参加“一带一路”媒体合作论坛。中国支持非洲广播电影电视产业发展,积极落实“为非洲 1 万个村落实施收看卫星电视项目”,支持在非洲农村和偏远郊区开展“大篷车”等户外放映活动,覆盖 12 个非洲国家 70 多个村庄和地区。中非双方鼓励联合开发制作、创作更多讲述非洲故事、中非友好故事的作品。中国企业为 1300 万非洲用户提供 11 种语言、600 多个频道的节目资源;近年来,中国对约 200 部中国优秀视听作品进行面向非洲的多语种译制,在 10 余个非洲国家举办中国电影展映展播活动,每年都有一定数量的非洲影片在中国电影节上展映。

——鼓励学术与智库合作。中非支持双方学术研究机构、智库、高校开展课题研究、学术交流、著作出版等多种形式的合作,优先支持开展治国理政、发展道路、产能合作、文化与法律等课题研究与成果分享,推动壮大中非学术研究力量。80 余个中非智库学术研究机构参加"中非联合研究交流计划"。2012 年,中非合作论坛第五届部长级会议倡议实施"中非智库 10+10 合作伙伴计划",建立"一对一"长期合作关系。2019 年 4 月,中国非洲研究院在北京成立。

——增进民间交流。积极落实《中非民间交流合作倡议书》,鼓励实施"中非民间友好行动""丝路一家亲""中非民间友好伙伴计划"等,支持中非工会、民间组织、非政府组织及社会团体深化交流。2011 年以来双方举办了 6 届中非民间论坛,2012 年以来举办了 5 届中非青年领导人论坛、4 届亚非青年联欢节和 3 届中非青年大联欢活动。2021 年,举办首届中非未来领袖对话。截至 2020 年,中国政府已累计向 16 个非洲国家派遣 484 名青年志愿者。中国已与 53 个非洲国家 100 多个妇女机构(组织)建立联系和交往。中国在毛里求斯、莱索托、吉布提、津巴布韦和苏丹等国建立中非妇女友好交流（培训）中心。

（五）和平安全合作稳步拓展

没有和平稳定的环境，发展就无从谈起。中国是非洲和平与安全事务的建设性参与者，一贯致力于支持非洲人以非洲方式解决非洲问题，坚持标本兼治，坚持合作共赢，支持非洲国家和非盟在非洲和平安全事务中发挥主导作用，支持非洲提升自主维和、维稳和反恐能力，支持非洲国家和非盟等地区组织落实"消弭枪声"倡议，支持联合国为非盟自主维和行动提供资金支持。中国在充分尊重非洲意愿、不干涉内政、恪守国际关系基本准则基础上，积极探索建设性参与非洲和平与安全事务。

专栏 5 中国支持非洲自主维和能力建设

2015 年 9 月，习近平主席在联合国维和峰会上宣布向非盟提供 1 亿美元无偿军事援助。2018 年 9 月，习近平主席在中非合作论坛北京峰会上宣布实施"和平安全行动"，决定设立中非和平安全合作基金，加大支持非洲常备军、危机应对快速反应部队等建设。峰会后，中国积极落实对非盟 1 亿美元无偿军援和新增 8000 万美元军援，帮助非洲加强自主维和能力建设，并提供 3 亿元人民币，用于支持萨赫勒五国集团联合部队建设。

中非不断深化和平安全领域的交流与对话,2019年以来,中国先后举行中非实施和平安全行动对话会、首届中非和平安全论坛、中非和平安全论坛军事医学专题视频会议,并积极参与非洲国家举行的和平安全领域重要会议或论坛。中国政府非洲事务特别代表积极斡旋非洲热点问题,为推进非洲和平与安全发挥了独特建设性作用。中国通过联演联训、舰艇互访等多种方式,支持非洲国家加强国防和军队建设,支持萨赫勒、亚丁湾、几内亚湾等地区国家维护地区安全和反恐努力,在共建"一带一路"、社会治安、联合国维和、打击海盗、反恐等领域推动实施安全援助项目并帮助非洲国家培训军事人员。中国支持联合国在维护非洲和平与稳定方面发挥重要作用,是安理会常任理事国中向非洲派遣维和人员数量最多的国家。

　　自1990年参加联合国维和行动以来,中国派出的维和人员有超过80%部署在非洲,累计向非洲派出3万余人次,在17个联合国维和任务区执行任务。现有1800余名维和人员在马里、刚果(金)、阿布耶伊、南苏丹、西撒哈拉等5个非洲任务区执行联合国维和任务。根据联合国安理会决议,中国海军自2008年以来常态部署亚丁湾执行护航任务,迄今已派出39批护航编队,累计完成约1400余批近

7000 艘中外船舶护航任务。中国还决定向联合国维和人员捐赠 30 万剂新冠肺炎疫苗,优先用于非洲任务区。截至 2020 年 8 月,共有 11 名中国官兵在联合国非洲维和行动中献出宝贵生命。

中非支持扩大双方人员有序往来,不断加强领事合作,推动执法部门合作,共同打击各类跨国犯罪。2019 年,中国公民赴非洲各国达 60.7 万人次,非洲各国公民入境中国达 68.5 万人次。双方人员往来快速增长推动中国和非洲国家领事关系迅速发展。中国支持非洲国家加强执法能力建设,2018 年以来为非洲国家培训 2000 余名执法人员,并提供警用物资。中国在联合国框架下向非洲任务区派出维和警察,在国际刑警组织框架下同非洲国家积极开展案件协作、情报交流、经验分享、联合行动,共同打击跨国犯罪。

三、坚定不移巩固相互支持

中非友好关系经历半个多世纪的风雨考验，双方在关乎彼此前途命运的关键时刻和重大问题上始终坚定地站在一起。非洲国家为中国维护主权、安全和发展利益，促进国家统一，实现发展振兴提供了重要支持。中国坚定支持非洲国家实现民族独立，走符合自身国情的发展道路，支持非洲一体化建设和联合自强的努力。面对新冠肺炎疫情的严峻考验，中非携手应对，中非友谊得到新的升华。中非人民凝聚团结之力，能够战胜艰难险阻，铸就美好未来。

（一）共同捍卫国际公平正义

中国和非洲是推动全球治理体系和国际秩序变革的重要合作伙伴。50年前，第二十六届联合国大会以压倒性多数通过第2758号决议，恢复中华人民共和国在联合国的合法席位，从此中国人民在国际舞台上发挥越来越重要的作用。提案的23个国家中有11个来自非洲，76张赞成票中有 26 张来自非洲。在当今复杂多变的国际形势下,中非双方共同弘扬多边主义,旗帜鲜明地反对保护主义和单边主义,在涉及彼此核心利益和重大关切的问题上互相支持,维护发展中国家共同利益。中非合作实践和理念为发展中国家在国际事务中合作树立了典范,也为改革全球治理体系提供了重要方案。

——共同践行真正的多边主义。中非高举多边主义旗帜,坚定维护以联合国为核心的国际体系、以国际法为基础的国际秩序、以联合国宪章宗旨和原则为基础的国际关系基本准则,切实维护国际公平正义,推动国际秩序朝着更加公正合理的方向发展。双方一致反对单边主义和保护主义,致力于维护开放型世界经济和多边贸易体系。中国和非洲坚定支持增加发展中国家特别是非洲国家在国际治理体系中的代表性和发言权,中国在联合国的一票永远属于发展中国家。

专栏6　中非共同反对将新冠肺炎疫情政治化

新冠肺炎疫情发生以来,中非始终坚决反对将疫情政治化、标签化、污名化,共同支持世界卫生组织在国际抗疫合作中发挥引领作用。针对个别国家对新冠病毒溯源问题大搞政治操弄,并就此向世界卫生组织施压,中国同非洲国家一道,共同发出支持科学溯源、反对政治溯源的强烈呼声,携手并肩推进抗疫国际合作。30多个非洲国家和许多其他国家一起,通过致函世界卫生组织总干事、发表声明或照会等方式,反对溯源问题政治化,支持中国—世界卫生组织溯源联合研究报告,形成维护科学溯源的强大声势。

——共同维护正当合法权益。中非在涉及各自国家主权、领土完整、民族尊严和发展利益等重大问题上相互理解和支持。所有同中国建交的非洲国家恪守一个中国原则,坚定支持中国统一大业。中国坚定支持非洲国家捍卫国家主权、维护民族独立,呼吁国际社会帮助非洲国家实现生存权和发展权,反对一切形式种族主义和种族歧视,积极推动解除针对非洲国家不合理的单边制裁。中国同非洲成员在联合国安理会建立"1+3"磋商机制,就重大国际和地区问题保持沟通与协调。2017年以来,中国担任安理会轮值主席国期间,倡议召开了"加强非洲和平与安全能力""加强非洲维和行动""非洲和平与安全:打击非洲恐怖主义和极端主义"等公开辩论会,以及"非洲和平与安全:推进非洲疫后重建,消除冲突根源"高级别会议,推动国际社会加强团结合作、加大力度支持非洲实现长久和平。

中非都倡导将生存权和发展权作为首要基本人权,同等重视各类人权,在平等和相互尊重基础上开展人权交流与合作,尊重各国自主选择发展的权利,反对将人权政治化和搞双重标准,反对借人权干涉别国内政,促进国际人权事业健康发展。针对西方反华势力在涉疆、涉港等问题上的歪曲抹黑和不实指责,非洲国家同广大发展中国家一道,在联合国人权理事会、联大三委等场合通过发表共同发言、单独发言等方式,支持中国正当立场。非洲国家认同中国人权理念,支持中国在联合国人权理事会提出的"发展对享有所有人权的贡献""在人权领域促进合作共赢"等决议。

中国呼吁国际社会推动全球经济治理改革,切实支持非洲实现发展。二十国集团领导人杭州峰会在中国推动下发布了《支持非洲和最不发达国家工业化倡议》。2015 年,中国宣布设立中国—联合国和平与发展基金,2016 年至 2020年其下设的发展子基金共实施 34 个项目,涉及减贫、卫生健康、能源可及、科技创新、互联互通等多个领域,非洲国家是主要受惠方。2021 年 5 月,中非双方共同发起"支持非洲发展伙伴倡议"。中非一致认为支持非洲发展是国际社会的广泛共识和共同责任。为应对疫情挑战、更加旗帜鲜明地支持非洲渡过难关,国际对非合作伙伴有必要把优势资源投向非方最急需领域,形成支持非洲发展的有效合力。

（二）守望相助抗击新冠肺炎疫情

面对突如其来的新冠肺炎疫情，中非双方经受住严峻考验，相互声援、并肩战斗，共同唱响团结合作、共克时艰的时代强音。

2020年6月，中非团结抗疫特别峰会成功举办。中国成为全球首个同非洲大陆就应对疫情举行峰会的国家，引领国际对非抗疫合作，为全球抗疫合作注入新动力。习近平主席在峰会上阐述了疫情形势下推进中非合作、加强国际合作的重要政策主张，指出要加快落实中非合作论坛北京峰会成果，将合作重点向健康卫生、复工复产、改善民生领域倾斜，并宣布了对非抗疫援助、减缓债和复工复产等系列举措，受到非方高度赞誉和广泛欢迎。与会领导人共同发表了《中非团结抗疫特别峰会联合声明》，一致认为中非双方要坚定不移携手抗击疫情、坚定不移推进中非合作、坚定不移践行多边主义、坚定不移推进中非友好。会后中非双方密切对接，统筹推进疫情防控和复工复产，推动中非合作克服疫情挑战，不断恢复并向前发展。

在中国抗疫的艰难时刻，非洲国家和非盟等地区组织通过不同方式对中国抗疫行动给予有力声援和支持。2020

年 2 月非盟部长理事会发表公报支持中国抗疫努力,是全球首个重要地区组织和整个洲域公开给予中国声援。非洲 48 国元首、11 国政府首脑、12 国议长和非盟委员会主席来函(电),10 国发表政府声明,18 国外长致函,非盟和平与安全理事会会议、卫生部长紧急会议以及主要地区组织会议等均向中方表示声援和慰问,不少非洲国家不富裕,但仍积极向中国捐款捐物。一些非洲在华留学生同当地防疫人员一道奋战在抗疫前线。

非洲疫情发生后,中国第一时间驰援非洲,开展了新中国成立以来涉及范围最广、实施难度最大的人道主义援助行动。从 2020 年起,中国根据有关国家需求,统筹地方政府、企业和民间组织等各类资源,向非洲 53 国和非盟提供了 120 批检测试剂、防护服、口罩、隔离眼罩、呼吸机等紧急抗疫物资援助,实现对非抗疫援助"全覆盖"。中国积极同非洲国家分享抗疫经验,向 17 个非洲国家派出了抗疫医疗专家组或短期抗疫医疗队,同非洲人民共同抗击疫情,并推动中国援建的非洲疾控中心总部项目提前开工建设。

中国积极践行"将疫苗作为全球公共产品"的承诺,在中国疫苗上市之初、国内供应紧张的情况下,即开始向非洲援助疫苗,为非洲国家抗疫提供支持与帮助。中方积极落实将疫苗作为全球公共产品的坚定承诺,截至 2021 年 11 月 12 日,已向包括 50 个非洲国家和非盟委员会在内的 110 多个国家和国际组织提供超过 17 亿剂疫苗,将努力全年对外提供 20 亿剂疫苗,并在向"新冠疫苗实施计划"捐赠 1 亿美元基础上,再向包括非洲在内的发展中国家无偿捐赠 1 亿剂疫苗。中国企业亦积极在非洲地区开展联合生产,帮助有意愿的国家实现疫苗本地化生产,目前已在埃及启动疫苗本地化生产,同摩洛哥和阿尔及利亚签署了合作协议。

为帮助非洲国家应对疫情冲击,克服暂时困难,中国支持减轻非洲国家债务负担,积极落实二十国集团(G20)"暂缓最贫困国家债务偿付倡议",在 G20 成员中缓债金额最大,已同 19 个非洲国家签署缓债协议或达成共识。中国支持将 G20 缓债倡议延期至 2021 年年底,并同有关成员一道落实《缓债倡议后续债务处理共同框架》。对于疫情特别重、压力特别大的国家,中国并同有关方一道,通过个案处理方式提供支持。

(三)并肩战胜非洲埃博拉出血热疫情

2014 年,塞拉利昂、利比里亚和几内亚暴发埃博拉出血热疫情。在非洲人民的艰难时刻,中国义无反顾伸出援助之手,在国际社会发挥了引领和示范作用。中国是最早向几内亚、塞拉利昂等国提供援助的国家,也是唯一一个向西非疫区提供实验室并设立留观诊治中心的国家。中国先后向有关非洲国家和国际、地区组织提供总额约7.5亿元人民币快速、实用、全面抗疫援助,先后使用9架次包机运输物资和人员,向疫情国派出16批、1200多名临床和公共卫生专家,与当地医生共同战斗在抗击埃博拉疫情的前线,中国医生还在当地培训医护人员1.3万人次。中国还为疫区国家援建了实验室、治疗中心等多个项目,成为当时中国支持海外国家和地区应对公共危机持续时间最长、覆盖面最广、规模和力度最大的一次援助。面对疫情,中国外交官、医疗队、维和人员和企业员工始终选择坚守,而不是撤离。恐惧比病毒更可怕,而信心比黄金更宝贵。在灾难面前,中非人民展现了同甘苦、共患难的一片真情。

2018年,刚果(金)再次暴发埃博拉出血热疫情,中国及时向刚果(金)及其邻国卢旺达、布隆迪、乌干达以及非盟等提供包括物资、现汇、专家、药品、培训在内的一揽子紧急人道主义援助,帮助有关国家及时遏制疫情发展。

（四）携手应对自然灾害

中国历来重视非洲受灾国的救援工作,帮助非方应对各种自然灾害和人道主义危机,并通过联合国、世界粮食计划署、红十字国际委员会等多边国际组织开展对非紧急人道主义援助。

中国人民不会忘记,2008年中国遭受特大地震灾害,仅200万人口的赤道几内亚就捐赠了200万欧元,平均每人1欧元。刚果(布)政府在汶川地震后捐赠100万美元,在玉树地震后又捐资200万美元建设了一所小学。非洲人民在自己经济并不富裕的情况下,仍慷慨解囊支援中国人民抗震救灾和灾后重建,这份情谊让中国人民倍感温暖。

"投之以桃,报之以李"。中国先后在40多个受灾非洲国家实施粮食、供水、妇幼、教育等民生项目,受益人数达1000多万人,有力促进了受灾国的经济恢复和社会发展。2019年,"伊代"飓风席卷东南部非洲。中国向津巴布韦、莫桑比克、马拉维紧急提供人道主义物资援助,并向受灾最严重的莫桑比克派出65人组成的国际救援队,在莫当地治疗3000多人。2019年底,蝗灾袭击非洲之角,地区国家超过3000万人生计受到威胁。2020年初,尽管面临新冠肺炎疫情影响,中国仍紧急向埃塞俄比亚、肯尼亚、乌干达3国提供灭蝗物资援助,并从中国—联合国粮农组织南南合作信托基金中安排援助支持3国购买防控物资和开展能力建设。

四、奋力开创中非关系新局面

当前,全球治理体系和国际秩序变革加速推进,国际力量对比深度调整。新冠肺炎疫情进一步凸显世界各国的命运紧密相连。站在历史的又一个十字路口,中非更加需要巩固伙伴关系,构建新时代中非命运共同体。双方将坚定不移深化传统友好,坚定不移推进互利合作,坚定不移维护共同利益,继续发挥中非合作论坛引领作用,推动"一带一路"建设走实走深,不断推动中非全面战略合作伙伴关系向更高层次、更广领域发展,共同创造中非合作更加美好的明天。

(一)中非合作论坛引领对非合作

为共同应对经济全球化挑战,谋求共同发展,在中非双方共同倡议下,中非合作论坛首届部长级会议于2000年10月在北京召开,中非合作论坛(以下简称"论坛")正式成立。经过20多年的发展,论坛已成为中非开展集体对话的重要平台和务实合作的有效机制,成为新时代引领国际对非合作的一面旗帜。

目前论坛有中国、53 个同中国建交的非洲国家、非盟委员会共 55 个成员。论坛部长级会议每三年举行一届,轮流在中国和非洲国家举行。中国和承办会议的非洲国家担任共同主席国,共同主持会议并牵头落实会议成果。根据中非双方共识,部分部长级会议升格为峰会。论坛迄今已举行 3 次峰会(2006 年 11 月北京峰会、2015 年 12 月约翰内斯堡峰会、2018 年 9 月北京峰会)、7 届部长级会议,制定出一系列重要的纲领性合作文件,推动实施了一系列支持非洲发展、深化中非友好互利合作的重大举措,取得丰硕成果。

2021 年 11 月底,新一届论坛会议将在论坛非方共同主席国塞内加尔举行。这次会议将评估 2018 年论坛北京峰会成果落实情况,并对下阶段中非友好合作作出规划,是疫情背景下中非共商合作大计、推进共同发展的重要外交活动,对推动疫后非洲、中国乃至世界经济复苏发展具有重要意义。中方将同非方共同努力、密切配合,对接中国第二个百年奋斗目标和非盟《2063 年议程》,围绕健康卫生、投资贸易、工业化、农业现代化、应对气候变化、数字经济等重点领域和方向对论坛新一届会议的成果和举措进行设计和磋商,努力把会议办成凝聚中非团结新共识、挖掘中非合作新领域、带给中非人民新福祉的盛会。

(二)推动共建"一带一路"合作走向深入

非洲是"一带一路"的历史和自然延伸。历史上,海上丝绸之路为非洲带去了中国的茶叶、瓷器和发展经验,增进了中非人民友好情谊和文明互鉴,成为永载史册的中非友谊之路。共建"一带一路"倡议提出以来,得到非洲国家的积极支持和踊跃参与。非洲成为参与"一带一路"合作最积极的方向之一,中非共建"一带一路"合作前景广阔。

"一带一路"不是"独奏曲",而是需要中国和非洲国家共同参与的"协奏曲"。2015 年 12 月,南非成为第一个同中国签署"一带一路"合作文件的非洲国家。2017 年、2019年,肯尼亚、埃塞俄比亚、埃及、吉布提、莫桑比克等国领导人出席"一带一路"国际合作高峰论坛,为"一带一路"合作机制发展作出积极贡献。在 2018 年中非合作论坛北京峰会上,中非双方一致同意要加强共建"一带一路"合作。截至目前,几乎所有同中国建交的非洲国家都已经同中国签署共建"一带一路"合作文件。非盟委员会并同中国签署了《中华人民共和国政府与非洲联盟关于共同推进"一带一路"建设的合作规划》，这是中国同区域性国际组织签署的第一份共建"一带一路"规划类合作文件。

近年来，在"一带一路"合作的带动下，中非互联互通加速发展。亚的斯亚贝巴—吉布提铁路、肯尼亚蒙巴萨—内罗毕铁路、刚果（布）国家1号公路、塞内加尔捷斯—图巴高速公路、加蓬让蒂尔港—翁布埃沿海路及博韦大桥、尼日利亚铁路现代化一期二期项目相继完工通车，吉布提多哈雷多功能港、多哥洛美集装箱码头等有效提升当地转口贸易能力，为地区互联互通和一体化进程发挥了重要作用。截至目前，中国已与21个非洲国家正式签署了民用航空运输协定，与12个非洲国家建立了双边适航关系；并与8个非洲国家签订了双边政府间海运协定。

当前中非都进入新的发展阶段。中国推动构建以国内大循环为主体、国内国际双循环相互促进的新发展格局，将为非洲发展带来更多"中国机遇"。非洲自贸区正式实施，非洲经济一体化和区域经济融合加速推进，给中非合作扩展更大发展空间。中非双方将以高质量共建"一带一路"为抓手，进一步推动共建"一带一路"合作倡议同非盟《2063年议程》、联合国2030年可持续发展议程以及非洲各国发展战略深度对接,深化中非各领域务实合作,把"一带一路"建设成为中非之间的和平之路、繁荣之路、开放之路、绿色之路、创新之路和文明之路,共筑"新时代中非命运共同体"。

专栏7　共建"一带一路"助力中非携手应对新冠肺炎疫情
新冠肺炎疫情发生后,中非共建"一带一路"合作显示出强大韧性与活力,助力中非抗疫合作。根据中非团结抗疫特别峰会精神,中资企业积极赴非复工复产。1100多个中非合作项目坚持运行,近10万中国技术和劳务人员坚守岗位。在中非共同努力下,一批重大项目相继建成或取得进展,蒙内铁路和亚吉铁路运力逆势上涨,发挥了地区交通大动脉作用,为当地抗疫、民生保障和经济恢复作出重要贡献。

(三)与时俱进、推动中非关系实现新跨越

中非关系保持旺盛生命力的"秘诀",就是与时俱进、开拓创新。半个多世纪以来,在中非关系发展的每一个关键时期,中非双方都能登高望远,找到中非合作新的契合点和增长点,推动中非关系实现新的跨越。站在新的历史起点上,中国将坚持以习近平新时代中国特色社会主义思想和习近平外交思想为指导,秉持真实亲诚理念和正确义利观,同非洲国家一道,继续谱写推动中非合作高质量发展、

共筑新时代中非命运共同体的辉煌篇章。

——厚植友好基础，推动中非政治互信不断迈上新台阶。中国将同非方继续保持高层交往势头，推动双方政党、立法机构、协商机构、地方政府友好合作，深化治国理政和发展经验交流互鉴、加强战略沟通与互信；充分发挥双方智库、媒体、高校和民间机构积极作用，构建全方位、多层次、宽领域的中非人文交流新格局，促进双方民心相通，继承和发扬牢不可摧的中非传统友谊。

——抗击新冠肺炎疫情，打造中非卫生健康共同体。中国将继续向非洲国家全面战胜新冠肺炎疫情提供帮助，分享统筹推进常态化疫情防控和经济社会发展的经验，加快推进中非疫苗合作。中非卫生健康合作不仅针对一时一事，将着眼长远助力非洲完善公共卫生体系、提高传染病防控能力，推动构建新时代中非卫生健康共同体。

——推动共同发展，培育和拓展互利合作新动能。随着中非各自进入新的发展阶段，双方发展阶段梯次衔接的优势更加明显，双方合作也进入提质增效的新阶段，中非互利合作之路将越走越宽。双方将积极支持中非企业深入发掘合作潜力，培育电子商务、5G 网络、绿色经济等新的合作增长点，在面向未来发展的关键领域拓展合作，共同支持全球发展倡议,打造全球发展命运共同体,推动实现高质量、可持续的共同发展,造福中非人民。

——密切国际协作,推动建设更加公正合理的国际秩序。中非是维护发展中国家共同利益、促进世界和平发展的重要力量。中非将进一步加强战略沟通,密切国际事务协调,旗帜鲜明地维护国际关系民主化的大方向,齐心协力应对疫情、减贫、反恐、气候变化等全人类共同挑战,坚定捍卫真正的多边主义和发展中国家共同利益,共同维护以联合国为核心的国际体系、以国际法为基础的国际秩序、以联合国宪章宗旨和原则为基础的国际关系基本准则,推动全球治理体系朝着更加公正合理的方向发展。

结　束　语

中国历史性地解决了绝对贫困问题,全面建成小康社会,迈上全面建设社会主义现代化国家新征程,正向着第二个百年奋斗目标进军。非洲联合自强势头强劲,在国际事务中的影响力不断上升,正在推进自由贸易区建设,加快工业化和现代化进程,朝着非盟《2063 年议程》描绘的美好梦想前行。

当今世界正面临百年未有之大变局,面对新的机遇和挑战,中国和非洲更需要团结合作。中国将继续坚定支持非洲国家走符合自身国情的发展道路,支持非洲一体化建设和非洲国家维护主权、安全和发展利益,同非洲国家携手共建"一带一路",构建更加紧密的中非命运共同体,更好造福中非人民,为建设持久和平、共同繁荣的世界,构建人类命运共同体作出新的更大贡献。